Nicole Durand

# La Colombe de la paix

## « LE CANTIQUE DES CANTIQUES »

« Que tu es belle, mon amie

Que tu es belle

Tes yeux sont des colombes

Derrière ton voile

Ouvre-moi, ma sœur, mon amie

Ma colombe, ma parfaite !

Car ma tête est couverte de rosée

Mes gouttes sont pleines de la nuit »

Je lisais ce poème

Et la colombe que j'aime

Apparut devant mes yeux

Comme un rêve merveilleux.

## DANS LE PARC MONTSOURIS

Dans le parc Montsouris
Des colombes s'alignent sur l'eau
Elles forment un écrin joli
Et rendent l'endroit plus beau.
D'autres jettent un cri
Et s'envolent plus haut
D'autres encore rejoignent leurs amies
Et parachèvent le tableau.
Dans le parc Montsouris
Les colombes habitent l'eau.

# LA PAIX INTÉRIEURE

La paix coule en moi

C'est un apprentissage avec soi

C'est un éternel recommencement

Un cheminement.

Cet apprentissage m'invite à me dépasser.

Je mets en œuvre mes capacités

Réinstaller le dialogue avec moi-même

S'abandonner à soi-même.

# COMME UNE COLOMBE

À Bétharaba, près de la combe
L'Esprit, comme une colombe
Du ciel, est descendu.
Il s'est arrêté sur lui, et il a rendu
Témoignage qu'il est l'agneau
Le fils du Dieu Très Haut
C'est celui dont il a dit :
« Il baptise du Saint-Esprit. »

# YVETTE

Elle est douce

Comme une mousse.

Sa voix cristalline

Est divine.

Comme la colombe, elle s'élance

Dans une gracieuse danse.

Ses nombreux enfants

Viennent la voir souvent.

Avec Jean, ils aiment leur Seigneur

De tout leur cœur.

## LA PAIX, UN DON

« Je vous laisse la Paix

Je vous donne ma Paix.

Que votre cœur ne se trouble point

Que votre cœur ne s'alarme point.

La Paix est le don de Jésus

Alors mon nom sera connu.

Demeurez dans mon Amour

Il n'y a pas de plus grand Amour

Que de donner sa vie

Pour ses amis »

## LA PAIX EST À BÂTIR

La Paix est à bâtir

En moi et autour de moi.

Avec la colère en finir :

Ce n'est plus un poids.

À soi-même faire plaisir

À partir de l'abandon à soi.

Je prends contact avec mes déplaisirs

Envers l'autre ma compassion s'accroît

# CHRISTIANE

Sur sa tombe

Repose la colombe.

Née, mariée, décédée dans sa maison

Sa présence est là, à foison.

Toujours coquette

Elle était en quête

D'un foulard, d'un bijou

Qui jusqu'au bout

Savait rendre sa beauté

Tout illuminée.

Toujours courageuse

Elle était très travailleuse.

Fille, épouse, grand-mère adorable

Elle a été une mère admirable.

# MARIAGE DE FATIM-ZORHA ET MUSTAPHA

Fatim-Zorha et Mustapha

Ont uni leur destinée.

Ils ont franchi ce grand pas

Les vingt novembres de cette année.

Rayonnants et pleins de joie

Ils se sont promis fidélité.

Après, parents et amis se sont réunis chez Fatima

Qui les a tous régalés.

L'Amour a aimé

Fatim-Zorha et Mustapha.

La colombe leur apportera

Paix et félicité.

# LE GROUPE « LA COLOMBE »

La colombe symbolisait
L'Esprit Saint qui soufflait.
Dans ce groupe se réunissaient
De nombreux frères et sœurs
Qui priaient de tout leur cœur
Avec la même ardeur.
J'y ai rencontré mon futur mari
Avec lui, j'ai passé ma vie
Et le Seigneur nous a bénis.

# LE RIRE DE MONIQUE

Comme la colombe

Qui roucoule

Le rire de Monique tombe

Sur nous comme la houle.

Le promeneur succombe

À ce rire qui s'enroule.

Dans l'atmosphère qui se plombe

Il est un remède pour la foule.

## LA COLOMBE DE LA PAIX

La Paix m'a envahie

En lisant ce conte écrit

Par la maman de Monique

Il est magnifique !

Il a poussé en avant

Bien des enfants

Qui l'ont savouré

Dans leurs jeunes années.

# LA COLOMBE
# DE MAMIE
# DE PAULETTE LASGUES

C'est une petite fille qui demande à sa grand-mère de lui raconter une histoire
« Raconte encore grand-mère, raconte »
Et tout doucement, l'aïeule se met à conter :

## LA COLOMBE DE MAMIE

Il était une fois une mignonne petite fille toute blonde avec de beaux yeux
Si bleus qu'on aurait pu les confondre avec le bleu du ciel. N'ayant plus de
Maman, Mariette - c'était son nom - vivait tout heureuse auprès de son Papa
Et de sa mamie. Elle était si douce cette chère mamie ! Pour compagne elle
Avait une belle colombe toute blanche qu'on appelait Malory ; et tous les
Jours c'était un joyeux concert qui se renouvelait car la petite colombe chantait
Sans arrêt en se posant sur la main de sa protectrice
Mais la pauvre mamie se trouvait maintenant bien fatiguée et par un triste soir
D'automne, elle est partie pour ce grand voyage d'où l'on ne revient pas. La pauvre
Mariette a eu ce jour-là beaucoup de peine ! Elle pensait surtout à Malory ! Pauvre
Petite créature si frêle, qu'allait-elle devenir ? Chaque matin, elle allait, venait, essayait

De roucouler sur le bord de la fenêtre, la douce mamie ne répondait plus. La petite
Colombe devint triste, si triste qu'elle perdit sa belle voix et on ne l'entendit plus
Chanter.
Tout à coup elle décida de partir et, battant des ailes, se dirigea comme une flèche
Vers le ciel. « Malory, s'écria la fillette, où vas-tu ? »

Malory, reviens ? Malory ! Malory ! Mais la colombe n'entendait pas et volait toujours
Plus haut, si haut que maintenant elle était perdue dans les nuages.
« C'est fini, disait Mariette, je ne la verrai plus »
Des pourquoi ? et des comment ? tourbillonnent dans la petite tête blonde. Pourquoi
Est-elle partie ? Pourquoi a-t-elle volé si haut ? Peut-être a-t-elle voulu monter jusqu'au
Pays des anges retrouver cette pauvre mamie qui l'aimait tant ? Pourquoi ?
Quelques jours ont passé ; Mariette bien sagement a repris la route de l'école ; un soir
En bordant le petit taillis près de la forêt, elle croit entendre un bruissement dans les
Feuilles : son cœur bat à grands coups ; elle s'arrête : « Serait-ce Malory ? » Oh ! non
C'est tout simplement une petite mésange cherchant un refuge pour y passer la nuit.

Un peu déçue l'enfant reprend tristement le chemin vers sa maison.

Voici que l'hiver arrive à grands pas ; quelques flocons de neige tombent par-ci par-là

Au loin dans la vallée on entend les cloches carillonner « Venez divin Messie » car ce

Soir, c'est Noël. Dans la grande cheminée de la cuisine, on a placé de bien grosses bûches ;

Mariette se chauffe assise sur les genoux de son Papa en pensant aux petits enfants qui

Ce soir, mettront les sabots et les souliers au bas de la cheminée... sachant que pour elle

Tout est bien fini maintenant et pendant qu'elle rêve... elle croit entendre un léger bruit

Gratter à la fenêtre. « Ce doit être le chat » pense le père. Timidement l'enfant se lève

Soulève le rideau et voilà qu'une petite boule blanche apparaît !

« Papa ! Papa ! c'est Malory ! »

Oui, par ce beau soir de Noël Malory était revenue. La fillette la prend dans ses mains

Vite un peu de pain, vite un peu d'eau douce... Devant la chaleur du foyer, la petite colombe étend son aile, puis venant se poser sur l'épaule de Mariette se met à chanter !

Comme elle est heureuse cette petite Mariette ! C'est son plus beau cadeau de Noël, le plus

Beau Noël de sa vie ! elle est plus heureuse que tous les enfants du monde !

Il est maintenant minuit Noël « joyeux Noël ! » semblent chanter les étoiles qui par myriades
Illuminent le ciel !
« Il est né le divin enfant » Mariette, joignant ses petites menottes adresse de tout son cœur
Un grand merci à sa mamie et au petit Jésus de lui avoir ramené Malory.

# CHANTS À LA COLOMBE

## « VIENNE LA COLOMBE »

« Vienne, vienne la colombe
Et son rameau d'olivier
Dans nos cœurs et dans ce monde
Où la Paix reste à gagner »
La colombe, pigeon qui voyage
Apporte dans les nuages
Douceur, pureté
Tendresse et beauté.

## « MILLE COLOMBES »

« Donnez-nous mille colombes

À tous les soleils levants

Donnez-nous mille colombes

Et des millions d'hirondelles

Demain, les canons dormiront sous les fleurs

Un monde joli est un monde où l'on vit sans peur »

La chorale des enfants

Rend ce chant plus émouvant.

## « LA BELLE COLOMBE BLANCHE »

« La belle colombe blanche
Survole l'océan
Sa belle robe blanche
Est portée par le vent
Le chagrin des nuages
Agite les ruisseaux
Mais elle suit son voyage
Dans le ciel tout là-haut »
Ce chant plein d'espoir
Est à chanter le soir

## « LA COLOMBE DE L'ESPRIT »

« Viens te poser sur moi
Viens me parler du roi
Colombe de l'Esprit
Remplis ma vie.
Grâce à toi, nous ne pouvons que le louer
Il nous a sauvés pour l'adorer »
Sa main est bénissante
Sa main est guérissante.

## « COLOMBE IVRE »

« Colombe ivre
Tu ne peux vivre
Qu'avec des hommes
Et du rhum blanc.
Pauvre colombe,
Tu vois, tu tombes
Et puis tu roules dans le ruisseau »
Je chantais ce refrain
Est venu le chagrin.

## « LA COLOMBE : GUIDE CHANT »

« Nous n'irons plus au bois
La colombe est blessée
Nous n'allons plus au bois
Nous allons la tuer. »
La guerre a multiplié les tombes
Et tué la colombe
Quel chemin prendre
Pour la suspendre ?

## « FEMME COLOMBE »

« Blanc sur bleu ciel

Femme colombe

Je dresserai mes ailes

Pour ne pas que tu tombes

Blanc sur bleu ciel

Femme colombe

Je donnerai mes ailes

Pour ne pas que tu tombes. »

## « LA COLOMBE »

« La colombe vole

Elle cherche le soleil

Elle veut voir ses merveilles

Elle espère arriver

Elle crie

Qu'il y a quelque part

Un pays pour l'espoir

Et qu'elle pourra le voir. »

# LA COLOMBE VOYAGE ET RENCONTRE...

## ANNE-MARIE ET SES 80 PRINTEMPS

Parents et amis

Sont réunis

Autour d'Anne-Marie

Elle fête ses 80 ans

Qu'elle porte comme un printemps

Malgré le fauteuil roulant.

Elle entonne une chanson :

S'élèvent les sons

De la gaîté, c'est la moisson

L'on parle de la vie qui passe

Et le temps s'efface :

C'est un moment de grâce.

# L'ARBRE A KAKIS

L'arbre à kakis illumine matin et soir

Le jardin de mes amis.

Il sert de perchoir

Aux oiseaux jolis

Pour lesquels il est une mangeoire

Le lumineux kaki

Fruit de l'espoir

A résisté à Nagasaki.

# LES GABARRES

Les gabarres, petites crevettes, à toute heure
Sont des biocapteurs :
Elles arrêtent de manger
Lorsque l'eau est polluée
Elles sont une solution
Pour repérer la pollution
Elles permettraient aux humains
De mieux vivre demain.

# L'AIGLE

Il place son nid

Au plus haut des montagnes

Il regarde en face le soleil de Midi

Sur l'œil de l'homme, il gagne

Ses serres puissantes lui sont un appui

Le flux d'air, il accompagne

Avec ses ailes élargies

Grâce à elles, dans la campagne

Il se déploie à l'infini.

# LE CHEMIN

Dans la brume soleilleuse, petits et grands
Ont coupé, ciselé, tronçonné, ratissé
Des buissons, ronciers, bois, branches, révélant
Une nature brimée et étouffée.
Au fil du travail, chênes, hêtres sont plus abondants.
Les anciens empruntaient ce trajet pour traverser
Le chemin rural est enfin apparu, présentant
Un dénivelé harmonieux avec la traversée
D'un ruisseau, la lauze, reliant
Deux voies communales. Tous les acteurs engagés
Ont voulu conserver ce patrimoine envoûtant
Pour donner à leur cadre de vie une spécificité.

# LES FLEURS D'ARAIGNÉES

Les fleurs d'araignées dans le champ
Me disent bonjour gaiement
Elles ont entouré les fleurs de voiles
En tissant leurs toiles.
Elles annoncent les frimas
Qui ne tarderont pas.
Le souvenir de ces fleurs
Restera dans mon cœur :
Il me procurera la Paix
Dans ces temps insatisfaits.

## MON DOCTEUR

Son diagnostic est sûr
Mais il est un peu pressé
Depuis longtemps, il m'assure
Une bonne santé.
Il apaise, il rassure
Il est très doué.
Je souhaite qu'il dure
De nombreuses années.

# LE RIRE

C'est un avantage non utilisé

C'est une opportunité

Dont il faut profiter

Passons du temps

Avec des gens amusants

Et encourageants

Au milieu de nos tracas

Il nous apportera

Au lieu du deuil, une huile de joie

## LA CINQUANTIÈME PROMOTION

Les anciens de la 50ᵉ, rassemblés

Autour du feu, évoquent le passé.

Au matin, nous allons au caveau :

Il n'est pas trop tôt

Pour vérifier si le vin

Coule dans la cuve à plein.

À Ensérune, de l'oppidum

Le lac de Montady, nous distinguons.

À Fonseranes, les neuf écluses de P. P. Riquet

Nous laissent bouche bée

Près de Cazouls-les-Béziers

Dans le Haut Languedoc, les arbousiers

Nous rassasient à point nommé

À l'heure du goûter.

Depuis la route qui serpente

Nous admirons les villages, accrochés à la pente

À Sète, les célèbres tielles

Nous donnent un avant-goût du ciel.

La jeune vigne d'Henri

Pousse à l'envie et le réjouit.

Annick est un guide hors pair

Et nous régale de ses commentaires.

Après la promenade, un bon repas nous attend

Et surtout des vins succulents.

S'achève le séjour

Il fut trop court.

# AU-DELÀ DES NUAGES

Dans la cordillère des Andes

Où ils vont par bandes

L'habitat de l'oiseau

Va à vau-l'eau

Le puma chasse

Pour que l'espèce s'accroisse.

 L'ours à lunettes

Part en quête

D'eau ; la petite grenouille

Change de taille et se débrouille

Pour devenir irrésistible

Et se rendre inaccessible.

Au-delà des nuages

Le paradis est sans âge.

## LES PETITS ANIMAUX

Grâce à leur fil de soie

Les araignées volent bas

Nagent dans l'océan

Dans tous les pays se répandant.

La belette, très longue et fine

Dans un trou de souris se glisse, mutine.

Ensemble nagent les fourmis

Pour ne pas perdre la vie.

Tous ces petits animaux

Développent des stratagèmes gros

Et en mettent plein les yeux :

Ils sont tous malicieux.

# L'ÎLE INTENSE

Dans l'île intense

Où la végétation est dense

Les tortues sont soignées

Pour être relâchées.

Les sports extrêmes donnent des frissons

Dans l'île de la Réunion.

À Mafate, les îlettes

Sont en quête

De nombreux secours

Au long des jours.

Les habitants récoltent le thé

Neuf fois dans l'année.

Le Me l'aloya, mélodie

Raconte le pays.

## « LA VIE SECRÈTE DES ARBRES »

Ils se penchent au-dessus de l'allée
Comme pour mieux s'embrasser
Ils forment une voûte
Qui nous envoûte.
Les arbres vivent en communauté
Où les plus faibles sont protégés.
Les mères reconnaissent leurs petits
Et les nourrissent par la racine, à l'envi.
La vie secrète des arbres
Ne nous laissent pas de marbre.
.

# NAISSANCE DE L'AGRICULTURE

Les femmes ont vu les graines germer
Et c'est ainsi que l'agriculture est née
Les hommes allaient à la chasse
Et laissaient leur place.
Les femmes allaient à la cueillette :
Ce n'était plus la diète.
Elles vont toujours au supermarché
Pour « cueillir » diverses denrées.

## LES ARBRES PLEURENT

Sous le poids du brouillard

Les arbres pleurent

C'est comme un dard

Qui transperce leur cœur

L'hiver n'est pas en retard

Il est plutôt à l'heure

Mais ce n'est pas un malheur

Car les arbres à renaître se préparent.

## LE HÉRISSON

Le hérisson est couché sur le côté

De la route où l'on se promène

Il ne viendra déguster

De sa bouche amène

Les croquettes en quantité

De la chatte, qu'il emmène

Hors de sa portée

Celle-ci finissait par dire amen.

# LA VIGNE ET LA MUSIQUE

La vigne écoute la musique

Et pousse plus vite

Elle apprécie les sons magnifiques :

Cette thérapie habite

La vigne et la rend prolifique.

Les viticulteurs profitent

De cette aubaine qui n'est pas mirifique

Ils pourront rester dans leur gîte

Grâce à la génodique (soigner plantes et animaux en les exposant à des mélodies)

# MARCHE DANS LA LUMIÈRE

Choisis les ténèbres

Ou la lumière.

Il n'est pas tant d'être célèbre

Ou de faire carrière

Nous sommes à la lisière

Du temps qui passe, peut-être funèbre

Marche dans la lumière

Loin des ténèbres,

Sans aucune barrière.

## LE LEVER DU SOLEIL

Le lever du soleil

M'émerveille

Avec ses couleurs irisées

Orange, rouge, bleu perlé.

J'ai de la difficulté

À décrire cette beauté

Je ne peux que dire merci

À l'auteur de ce ciel cramoisi

La colombe va repartir

Dans le doux zéphyr.

Éditeur :
Books on Demand GmbH,
12/14 rond-point des Champs Élysées,
75008 Paris, France

Correction d'épreuve et mise en page :
Pierre Léoutre

Avec le soutien de l'association
« Le122 » à Lectoure (Gers)

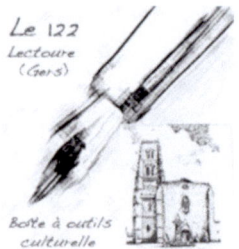

http://pierre.leoutre.free.fr/

Impression :
Books on Demand GmbH, Norderstedt, Allemagne
ISBN : 9782322101467

Dépôt légal : décembre 2017
www.bod.fr